Darmstadt

lieben lernen

Der perfekte Reiseführer für einen unvergesslichen Aufenthalt in Darmstadt inkl. Insider-Tipps und Packliste

Sonja Tammen

✈ INHALT

Das erwartet Sie in diesem Buch   1

Die Ankunft   4

Shoppen in Darmstadt   8

Depot   8
Nanu-Nana   11
FLIC FLAC DARMSTADT   14
Hugendubel   18
Thalia-Boulevard   21
Starbucks   23
ReSales Darmstadt   25

Highlights in Darmstadt   29

Luisenplatz   29
Hessisches Landesmuseum Darmstadt   32
Vivarium   35

Die Aktivitäten   40

Kletterwald Darmstadt   40
Eissporthalle Darmstadt   42
Laser Tag Darmstadt   44

Essen und Genießen in Darmstadt   47

Café Extrablatt   47

Sushizone   49

Vapiano   51

Jamy's Burgers   54

Enchilada Darmstadt   56

Feiern in Darmstadt   60

Musikpark A5   60

Schlossgrabenfest   63

Heinerfest   65

Die Heimfahrt   67

Das erwartet Sie in diesem Buch

Darmstadt - Die Wissenschaftsstadt, nach der ein Element benannt wurde, die Merck beherbergt und mit der Technischen Universität Darmstadt auch die erste autonome Universität der Deutschen Republik beschäftigt.

Klingt alles äußerst chemisch und methodisch, wenn Sie mich fragen. Doch die Stadt in Hessen hat neben den wissenschaftlichen Erfolgen auch in jeglichen anderen Bereichen viel zu bieten. Egal, ob Sie nach hübscher Architektur Ausschau halten, sich für

Darmstadts Geschichte interessieren, die Landschaft erkunden, sich kulinarisch bereichern lassen möchten oder shoppen gehen wollen, hier kommen Sie auf Ihre Kosten.

Ich begleite Sie in diesem Buch durch die abwechslungsreichen Welten, die diese Stadt hergibt und gewähre Ihnen einen Einblick in die Erfahrungen der verschiedensten Persönlichkeiten, die dort aufeinandertreffen. Ich möchte Ihnen nicht nur eine Seite, sondern alle Seiten dieser Stadt zeigen. Die leisen und die lauten; die geruchsintensiven und die geschmackvollen; die vollen und die leeren; die anstrengenden und entspannenden. Und jede davon soll Sie auf ihre eigene Art und Weise berühren und prägen.

Gemeinsam mit einigen Teenage Girls bummeln wir durch die schönsten Einkaufspassagen, bewegen uns mit einer Schulklasse durch die bekanntesten Sehenswürdigkeiten, die jeder einmal gesehen haben muss, und besuchen mit ein paar sportbegeisterten Männern die Eissporthalle, kämpfen uns mit ihnen durch Laser-Tag und erklimmen gemeinsam den Kletterwald. Danach essen wir uns mit wenig Geld durch Restaurants aller Art, bevor wir das

Nachtleben und die Feiern der belebten Stadt kennenlernen.

Lassen Sie sich mitreißen und verzaubern.

Die Ankunft

uf der Autobahn geben Sie Gas und lassen viele Autos hinter Ihnen zurück. Die Bäume am Straßenrand ziehen an Ihnen vorbei wie verschwommene Gebilde.

Die B26 führt Sie auf direktem Weg nach Darmstadt. Als Sie eine Unterführung passieren und daraufhin von dem gelben Ortsschild begrüßt werden, bringt Sie das nicht nur dazu auf 50 km/h herunter zu bremsen, sondern auch noch einmal genauer hinzuschauen. *Wissenschaftsstadt Darmstadt.*

Sie schauen sich um, während Sie weiterhin dem regen Verkehrsfluss folgen. Es ist ein regnerischer

Samstagnachmittag, der trotzdem viele Menschen hierher zu locken scheint. Doch wieso?

Ein weiteres Schild weist Sie auf den Ostbahnhof zu Ihrer Rechten hin, an dem Sie gerade vorbeifahren, der jedoch schnell von großen Gebäudekomplexen abgelöst wird, die Ihnen sofort das nötige Gefühl von Stadt, Enge und Fülle vermitteln.

Links von Ihnen steht ein Baum neben dem anderen und bietet den umher eilenden Menschen auf den Bürgersteigen Schutz vor Wind und Regen. Ihre Ziele sind nicht erkennbar. Sie springen über die Straße, als wären sie die stärkeren Verkehrsteilnehmer; tippen auf ihren Smartphones, ohne auf ihren Weg zu achten, weshalb sie beinahe gegen die großen Litfaßsäulen laufen, die so voller Werbeplakate sind, dass man gar nicht weiß, wo man als Erstes hinschauen soll. Erst als sich die Bäume lichten, können Sie einen Blick auf den Großen Woog werfen. Trotz des leichten Schauers paddeln einige Gestalten munter über den klaren See und verscheuchen die darauf ruhenden Schwäne.

Sie fahren weiter, steuern dabei auf das Ballungsgebiet der Umgebung zu: Den Luisenplatz.

Alles um diese Stadt scheint bewaldet und

ländlich, während in diesem Knotenpunkt aus Bussen, Taxis, Läden und Menschen aller Art Industrie, Leben und Wissenschaft aufeinanderprallen.

Als Sie ein Schild auf ein Parkhaus hinweist, folgen Sie diesem und landen schnell in der Tiefgarage des Luisencenters. Ein Einkaufszentrum für Mode, Accessoires, Kulinarisches und einiges mehr.

Die Tiefgarage, in der Sie Ihr Auto parken, ist niedrig. Es kommt Ihnen vor, als müssten Sie sich bücken, um sich nicht den Kopf an den an der Decke angebrachten Schildern für die Notausgänge zu stoßen. Ein weiteres Schild an der Wand weist Sie darauf hin, Ihren Aufenthalt in diesem Gebäude aufgrund der Abgase so kurz wie möglich zu halten.

Also beeilen Sie sich, den Ausgang zu finden und steigen in den Fahrstuhl, der Sie bis in das Untergeschoss des Luisencenters fährt. Das unangenehme Gefühl in Ihrem Magen vergeht in dem Moment, in dem sich die Fahrstuhltüren vor Ihnen aufschieben und Sie einen Schritt in den vollen Gang des Centers setzen.

Die Menschen, die an Ihnen vorbeilaufen, deren Blick nicht länger als ein Augenaufschlag an Ihnen hängenbleibt, sind grundlegend verschieden.

Sie sehen Männer in Anzügen mit Aktentaschen und mit Headphones telefonierend vor dem Becker *Bormuth* haltend, um sich in ihrem hektischen Alltag einen Snack zu kaufen.

Sie sehen eine Familie, die gerade die Rolltreppen zur nächsten Etage nimmt und Rewe Tüten hält.

Sie sehen ein paar Jungs, die aufgeregt die Gänge entlang rennen und ein neues Videospiel in die Lüfte reißen, als wäre es ihr größter Triumph.

Und dann sehen Sie einige Mädchen, vielleicht Abiturientinnen, die sich an diesem Samstag mit Shoppen von dem Stress, den die Klausuren mit sich bringen, ablenken wollen. Um ihre Armbeugen hängen *C&A* Einkaufstüten und Sie beschließen, sich ihnen anzuschließen, um die begehrtesten und besten Läden Darmstadts kennenzulernen.

Shoppen in Darmstadt

DEPOT

Die Mädchen steuern den Haushaltsladen *Depot* an und Sie wundern sich, was solch junge Mädchen in einem Geschäft für Wohnraum-Accessoires zu suchen haben.

Doch schon bald erkennen Sie, dass dieser Laden seinen ganz eigenen Charme hat. Die Einrichtung ist gleichzeitig modern und verspielt. Das trübe Braun des Bodens verströmt Ruhe und die beleuchteten weißen Regale ziehen sofort Ihre Aufmerksamkeit auf sich.

Eine Geruchsmischung von Rosen und Lavendel lockt Sie zu den Duftkerzen.

Das deckenhohe Regal, vor dem Sie nun stehen, ist voll von ihnen; in allen Größen, Farben und Düften und Sie können nicht daran vorbeigehen, bevor Sie nicht einige in die Hand genommen und an ihnen gerochen haben. Himmlisch.

Sie laufen weiter, vorbei an künstlichen Pflanzen, die weder wie Plastik aussehen noch danach riechen und gelangen zu einem Tisch. Dieser ist gefüllt mit allem Schnickschnack, das an Sommer erinnert: Gläser, die mit ihren silbernen, abschraubbaren Deckeln stark an Marmeladengläser erinnern, in verschiedenen Ausführungen. Einige von ihnen haben rosa Strohhalme mit Flamingos verziert; einige von ihnen haben gelbe Strohhalme geschmückt mit einer Ananas.

Weiter auf dem Tisch findet sich ein Letter Board, auf dem »hello Summer« steht. Die Buchstaben stehen mit schwarzer Schrift auf weißen Quadraten, die beliebig in die Tafel eingesetzt werden können.

Sie werfen einen Blick auf die Servietten, auf denen die gleichen Worte auf blauem Hintergrund stehen, lassen ihn über die weißen Bilderrahmen gleiten und nehmen dann den aus Holz geschnitzten Schriftzug »Summer« in die Hände.

Trotz des Regens und der eher milden Temperaturen scheint Ihnen der Sommer nun viel näher zu sein als zuvor.

Sie sehen sich um, drehen sich einmal um sich selbst und fangen hier und da die präsentierte Dekoration mit Ihrem Blick ein. Zwischen Vasen und modischen Käfigen stehen Teelichtervorrichtungen in verschiedensten Stilrichtungen, Gartenstühle um einen gedeckten Gartentisch herum, Steine und Muscheln in Gläsern und Schalen. Von den Decken hängen Zimmerlampen aus Papier oder Metall.

Ein Regal gefüllt mit pastellfarbenen Handtüchern, den dazu passenden Seifenspendern und stilsicheren Kosmetikkörben; ein anderes über und über mit verzierten Wäscheklammern, Geschenkbändern und Stickern.

Tief im Herzen wissen Sie, dass Sie sich über das meiste von all dem Kram ärgern würden, würden Sie es kaufen und dann doch keinen Nutzen dafür finden, doch Sie kommen nicht drum herum, sich wohl in diesem kitschigen Laden zu fühlen, geborgen und dazu verführt, alles einzukaufen, was Ihnen in die Augen springt. Und das ist eine ganze Menge.

Schlussendlich bleiben Sie an den aufwendig und originell verzierten Grußkarten hängen und verlieren auch noch ein oder zwei Minuten vor den Glücksbringern und Schlüsselanhängern.

Die Mädchen, die Sie in *Depot* geführt hatten, verlassen kichernd den Laden und ziehen weiter.

NANU-NANA

Sie folgen der Gruppe und steigen vor dem Rewe Supermarkt auf die Rolltreppe, die nach oben ins Erdgeschoss führt.

Dort ist es wesentlich voller als im Untergeschoss, doch die Mädchen scheinen kein großes Interesse an den Modegeschäften *Levi's*, *H&M* oder *Snipes* zu haben, sondern steuern die nächste motorisierte Treppe an, die ins Obergeschoss führt.

Neugierig folgen Sie ihnen und begeben sich in den kleinen, schmalen Laden: *Nanu-Nana*.

Die Durchgänge bis nach hinten ins Geschäft sind so eng, dass man nicht nebeneinander, sondern nur hintereinander laufen kann.

Direkt am Eingang befindet sich ein Tischchen auf Servietten, Schälchen und Lampions in ansprechenden Pastellfarben; vor allem in rosa und blau gehalten.

Sie finden weitere Geschenkartikel wie Schlüsselanhänger, die mit Vornamen bedruckt sind, aber auch Kissen, Plüschtiere und Socken.

Aber das scheint die Teenage Girls überhaupt nicht zu faszinieren. Sie watscheln im Gänsemarsch bis ganz nach hinten in den Laden und stehen schlussendlich in drei oder vier Reihen vor einem Regal. Sie beginnen zu kichern und halten sich die Hand vor den Mund.

Interessiert werfen auch Sie einen Blick auf die Produkte, die sich in der letzten Ecke des Geschäfts verstecken.

Sie laufen an Bier- und Shotgläsern vorbei, auf denen Sprüche wie »Lieber Korn im Blut, als Stroh im Kopf« oder »Der Klügere kippt nach« stehen. Im selben Regal stehen Spardosen mit Schriftzügen, die Sie ebenfalls zum Schmunzeln bringen.

Bei dem nächsten Abteil, in dem sich Medikamentenschachteln stapeln, halten Sie kurz inne und müssen zwei Mal hinschauen, um zu verstehen, dass es sich dabei nicht um reale Medikamente handelt. *Idiotikum Akut: Bei anhaltender Dummheit, Klugscheißeritis Pille: Bei penetranter Besserwisserei* und *Anti Aufschieberitis: Bei akutem Drang zu verschieben,* all das lesen Sie auf den Schachteln. Bei dem Inhalt dieser vermeintlichen Medikamente handelt es sich um Schokolinsen.

Als die Mädchen weiter zu den bedruckten Kissen gehen, können Sie endlich einen Blick auf die Ware im letzten Regal werfen.

Sofort verstehen Sie das Kichern der Mädchen und müssen es sich selbst verbieten.

Sie blicken auf ein Paket, das einen Männertanga aus essbaren Zuckerperlen enthält, auf Nudeln und Traubenzucker in Form von Penissen und Penislutschern.

Eine ulkige Geschenkidee, die besonders gut bei jungen Erwachsenen ankommen sollte; auf 18. Geburtstagen würden sie sicher für eine gute Stimmung sorgen.

Sie stellen den BH aus Zuckerperlen wieder zurück ins Regal und sehen in diesem Moment, wie die Mädchengruppe den Laden mit einigen Tüten mehr als zuvor wieder verlässt.

Da Sie sich keinen Laden mehr entgehen lassen wollen, den diese Gruppe aufsucht, verlassen auch Sie eilig das Geschäft.

FLIC FLAC DARMSTADT

Die Mädchen lassen sich von der Rolltreppe zurück ins Erdgeschoss fahren und schlüpfen dann zwischen dem Bade- und Sockenmodegeschäft *Calzedonia* und dem Tabakwarenladen *Wolsdorff Tabaco* durch eine Tür aus dem Luisencenter hinaus und nach draußen auf die Einkaufspassage Darmstadts.

Als Ihnen die frische Luft entgegen peitscht, müssen Sie blinzeln und bleiben einen Moment stehen. Die Gebäude, die Sie umgeben, sind hoch, die breiten Fußgängerwege mit Bäumen und Bänken ausgestattet und voll von Menschen.

Diese Stadt ist belebt und laut, aber Ihnen gefallen die Hektik und die verschiedenen Ströme von Personengruppen, die in verschiedene Richtungen eilen, um das zu erledigen, weshalb sie hier sind.

Als Sie die Gruppe von Mädchen entdecken, beeilen Sie sich, ihnen hinterherzukommen, um sie nicht zu verlieren und biegen gemeinsam mit ihnen in die Schuchardstraße ein. Sie schauen zwischen dem Kosmetikgeschäft *MAC* und dem Modegeschäft *Zara* hin und her und bemerken dann, wie zwei der Mädchen in einen kleinen Laden hineinschlüpfen. Auf dem über der Tür hängenden Ladenschild steht groß *FLIC FLAC*. Als Sie in den Laden linsen, sehen Sie, dass es ähnlich wie in dem vorherigen Laden *Nanu-Nana* sehr eng ist.

Hier in Darmstadt scheinen die Immobilien begehrt, aber teuer zu sein. In diesem Laden, der augenscheinlich Schmuck verkauft, passen keine zwei Personen nebeneinander hinein und bei jedem Schritt muss man Angst haben, etwas umzustoßen, doch der Schmuck – die Uhren, Ohrringe, Ketten, Piercings und Ringe – befinden sich geschützt hinter Glasscheiben.

Der Ladenbesitzer sitzt ganz hinten in dem schmalen Raum auf einem Barhocker. Neben ihm auf einem Pult voll mit Blättern und Notizen steht eine Kasse. Er begrüßt die zwei Mädchen und Sie lächelnd und aufgeschlossen und mit einem indischen Akzent. Sie finden ihn sofort sympathisch und schauen sich weiter um, während sich die zwei jungen Frauen mit dem Geschäftsinhaber unterhalten.

An der Vitrine mit diversen Piercings, seien sie für die Ohren, die Nase oder den Bauchnabel, hängen einige Bilder, die frisch gestochene Piercings zeigen.

Sie sind fasziniert von den verrückten Stellen, die sich einige Menschen für Körperschmuck aussuchen.

Als ein Mitarbeiter im Türrahmen auftaucht, werden Sie und die Mädchen nach draußen geleitet und folgen dem Inhaber die Schuchardstraße entlang. Er redet mit einem der Mädchen über das Piercing, das sie sich stechen lassen möchte, und erklärt, dass er uns zu seinem Piercingstudio um die Ecke führt.

Das *Flix Flax*, in das Sie daraufhin eintreten, ist in weißen hellen Farben gehalten und um einiges größer als der kleine Laden, aus dem Sie kommen.

Der Piercer grüßt seinen Kollegen hinter der Kasse und läuft gezielt einmal durch den Laden, ehe er euch eine Tür aufhält und euch bittet, hinter ihm die Treppen hochzukommen.

Oben erwartet Sie ein kleiner Raum, der mit Bildern verziert ist, die zuallererst Ihre Aufmerksamkeit auf Sie ziehen. Es sind hauptsächlich gezeichnete halbnackte Frauen, in einem Design, wie man es sich tätowieren lassen könnte. Ihnen wird angeboten, sich auf einen der Stühle neben der Tür zu setzen, dem Sie und eines der Mädchen folgen, während das andere gebeten wird, sich auf den mit schwarzer Folie überzogenen Liegestuhl zu platzieren. Er hat Arm- und Kopflehnen und erinnert so im ersten Moment eher an den Sitz, den man vom Zahnarzt kennt.

Das Mädchen atmet tief durch und wirkt aufgeregt, während der Piercer Desinfektionsmittel und andere Utensilien aus den Schubladen der umstehenden Kommoden zusammensammelt. Seine Griffe sind routiniert und präzise.

Er packt vor unseren Augen eine Kanüle aus, desinfiziert ein Wattestäbchen und damit die Nasenlöcher des Mädchens, das auf der Liege liegt und zunehmend nervöser wirkt.

Während der Piercer beruhigend auf sie einredet und ihr erklärt, was sie gleich spüren wird, holt er ein zangenähnliches Werkzeug, das Sie erneut sehr an einen Zahnarzt erinnert, desinfiziert dieses ebenfalls und klemmt damit das Bindegewebe vor dem Knorpel der Nasenscheidewand ein. Dann geht alles ganz schnell: Der Piercer schiebt die Kanüle durch die Vorrichtung der Zange, das Mädchen zuckt zusammen und der Piercer holt das Piercing, um dieses mit Hilfe der Kanüle in das gestochene Loch zu schieben.

Das Mädchen blinzelt einige Tränen fort und hört sich die Pflege- und Verheilungstipps des Piercers an, ehe Sie und die Mädchen wieder gehen können.

Als Sie den Laden verlassen, strahlt das Mädchen mit ihrem neuen Piercing über beide Ohren. Der Schmerz scheint vergessen.

HUGENDUBEL

Sie laufen den Weg wieder zurück und treffen auf der Straße des *FLIC FLAC*s auf die restlichen Mädchen, die Sie am Luisencenter vorbei und in einen Laden mit großen, offenen Glaswänden führen. *Hugendubel - Die Welt der Bücher* steht in weißer und roter Schrift über den breiten Schwingtüren der Buchhandlung, deren Fenster den uneingeschränkten Blick auf gefüllte Bücherregale freigeben.

Vor dem Laden stehen Postkartenständer und Tische, auf denen sich Kalender und Rätselhefte stapeln.

Die Eingangstüren sind einladend weit geöffnet und bereits beim Eintreten empfängt Sie der vertraute Geruch von neuen Büchern.

Neugierig schauen Sie sich zu allen Seiten um. Die Decken sind hoch und strahlend weiß, sodass der Laden trotz des grauen Fußbodens und den in schwarz gehaltenen Bücherregalen hell wirkt.

Die Bücherregale, die den meisten Teil der Wände bedecken und den Laden umranden, sind mit Überschriften zur Orientierung versehen. So wissen Sie sofort, wo Sie hin müssen, falls Sie nach Bestsellern oder doch Kinderbüchern suchen.

Vor allem interessiert Sie dann allerdings die geschwungene Wendeltreppe, die in die obere Etage führt.

Im Obergeschoss des Buchladens erwarten Sie Kalender, Bewusster-Leben-Bücher und Sach- und Reisebücher, durch die Sie gemütlich ein wenig blättern.

Sie gehen die Treppe wieder hinunter und bewundern die immense Auswahl, von der Sie erschlagen werden, als Sie all die Bücher von einer erhöhten Position überblicken.

Sie laufen an den hübsch dekorierten und

ordentlich gestapelten Tischen vorbei, betrachten die Cover und nehmen hier und da mal ein Buch von einem der Tische oder aus einem Regal heraus; lesen sich den Klappentext oder die ersten Sätze durch und legen oder stellen es doch immer wieder zurück.

Die Auswahl ist so groß, dass Sie sich überhaupt nicht entscheiden können, welchem Genre Sie die meiste Aufmerksamkeit zuwenden sollen.

Ein breiter Wühltisch, in dem die Bücher kreuz und quer liegen, zieht Sie jedoch wie magisch an. Ein Schild weist Sie darauf hin, dass sich darin preisreduzierte Mängelexemplare befinden, die wohl bei der Lieferung beschädigt wurden und nun für einen deutlich geringeren Preis angeboten werden. Sie kramen ein wenig darin herum und können nicht anders, als bei diesem Angebot zuzuschlagen. Mit Ihrer errungenen Beute gehen Sie zur Kasse, an der Sie von einer netten Kassiererin begrüßt werden, die Sie kompetent bedient und Ihnen zum Schluss eine Kundenkarte anbietet.

Meine Karte fürs Lesen steht auf dem grau gehaltenen Kärtchen, das Sie gerne entgegennehmen.

THALIA-BOULEVARD

Eines der Mädchen war das Hugendubel nicht Bücherladen genug und möchte deshalb noch unbedingt in die Buchhandlung Thalia.

Das blaue Schild mit der weißen Silhouette einer Frau ist die Assoziation zu jeder Buchhandlung geworden und als Sie die gläsernen Eingangstüren hinter sich zufallen lassen, verstehen Sie auch wieso.

Sie werden erschlagen von der Menge an Büchern. Und nicht nur das. Thalia hat außerdem eine riesige Auswahl an Hörbüchern, Filmen und Spielen zu bieten.

Die Liste der verschiedenen Genres scheint endlos. In einer Ecke entdecken Sie Erotik, dort sehen Sie englischsprachige Lektüre, Jugendliteratur und Fantasy. Es ist für jeden etwas dabei.

Inmitten von all dem Wissen und von all den Geschichten, die auf Sie einprasseln und von Ihnen gelesen werden wollen, befinden sich Brett-, Karten- und Aktionsspiele, durch die Sie sich zu wühlen beginnen.

Ihnen fällt *Black Stories* entgegen, ein Kartenspiel, in dem auf einer Karte von einem Fall berichtet wird, den die anderen Mitspieler lösen müssen, während auf der Rückseite die Lösung steht. Echte Kriminalfälle, Übernatürliches und die Kinderversion mit einem einbrechenden Weihnachtsmann.

Die Mädchen tummeln sich vor dem Regal mit den Brettspielen für Erwachsene, während Sie das kleine Café und die angebotenen Sitzmöglichkeiten ins Auge nehmen.

Die Tische sind klein, reichen aber, um den Kaffee darauf abzustellen und die Sessel, bezogen mit gelbem lederähnlichem Material, sind bequem, als Sie sich darin anlehnen. Das ist in einem Buchladen wohl das Wichtigste: Eine gemütliche Ecke, in der man durch ein Buch blättern kann.

Die Mädchengruppe macht sich auf den Weg in Richtung Kasse, bevor Sie sich entscheiden können, ob Sie sich etwas bei dem kleinen Café gönnen sollen oder nicht.

Sie laufen ihnen nach und werfen im Vorbeigehen einen Blick auf die *Funko-Pop* Figuren, die gestapelt auf einem Tisch drapiert wurden. Sie erkennen einige *Harry Potter* Individuen sowie einige Charaktere aus *Game of Thrones* und *Marvel*.

An der Kasse bezahlen die Mädchen ihre Errungenschaften und Ihnen fällt ein Körbchen voll mit

Pechkeksen ins Auge. Das entlockt Ihnen ein Schmunzeln. Was für eine ulkige Idee.

STARBUCKS

Bevor Sie sich beschweren können, dass Sie im Thalia zu keinem Kaffee gekommen sind, finden Sie sich in der Schlange vor dem Starbucks-Café direkt am Luisenplatz wieder.

Starbucks ist zu einem Muss geworden, der bei keinem Besuch in einer großen Stadt fehlen darf.

Der Kaffee dort ist mit Sicherheit nicht so besonders, wie es alle immer darstellen, aber er ist das kleine bisschen Luxus und das Kultsymbol der coolen Kids geworden.

Also machen auch Sie bei diesem Kult mit und bestellen sich einen Caramel Macchiato Grande für fünf Euro und einen Double Chocolate Muffin, ebenfalls für fünf Euro, und gemeinsam mit den Mädchen, die ebenfalls so viel Geld für Koffein und Zucker ausgegeben haben wie Sie, quetschen Sie sich die schmale Treppe zum oberen Stockwerk des Ladens hinauf.

Es ist ziemlich voll in dem Café, was Sie nicht besonders wundert. Auch wenn Sie nicht der größte Fan dieses Statussymbols des teuren Kaffees sind, können Sie nicht bestreiten, dass das Ambiente beeindruckend ist.

Der Boden wirkt hölzern und die Stühle ledern, während die runden Tische zu großen Freundschaftsversammlungen anregen. Die Menschen, die sich hier aufhalten, haben die verschiedensten Hintergründe. Hier treffen Mittelstufenschüler, die nach einem Schulausflug einen Kaffee trinken und das Starbucks-Logo auf Snapchat verschicken wollen, auf einen Anwalt, der in seiner Mittagspause einen Kaffee trinken und an seinem Laptop arbeiten will.

Es gibt freies WLAN, was sicher einen Stern mehr in der Google Bewertung gibt. Doch was Sie mit Abstand am meisten an diesem Starbucks – diesem Starbucks hier in Darmstadt – fasziniert, ist der Ausblick. Durch die offene Fensterfront, die den ganzen oberen Bereich des Ladens umgibt, wird einem der freie Blick auf den Luisenplatz gewehrt.

Man sieht die Tauben fliegen und die Menschen – so klein von hier oben – herumrennen wie die Ameisen. Man sieht das Luisencenter in all seiner

Pracht, die ganze Größe und ganze geballte Kraft, die es beinhaltet.

Und man sieht die Busse und Bahnen, wie sie ankommen, stehenbleiben und in dem Straßennetzwerk verschwinden.

Doch nachdem ihr euren Kaffee getrunken und die Muffins und Kuchenstückchen gegessen habt, packt ihr eure Taschen, quetscht euch die Treppe wieder hinunter und verlasst den Laden, der euch Luxus vormacht, wieder, um das nächste Geschäft zu besuchen.

RESALES DARMSTADT

Euer nächstes Ziel liegt etwas außerhalb des ganz normalen Wahnsinns Darmstadts und so laufen Sie mit der Mädchengruppe an dem großen Gebäude des *Galeria Kaufhofs* vorbei, sehen in geringer Entfernung das *Hessische Landesmuseum* und dann den *Weißen Turm*, ehe Sie nach einigen Metern in die Ludwigstraße einbiegen und irgendwann im Verlauf der Straße den unscheinbaren Second Hand Laden *ReSales* entdecken, in den die Mädchen strömen.

Auf den ersten Blick scheint der Laden nicht besonders. Die Kleidungsstücke hängen ordentlich nebeneinander an den Kleiderstangen, einige Schuhe und Taschen sind elegant auf Schränkchen drapiert worden, damit sie möglichst schnell ins Auge fallen und der Kassierer hinter den Tresen lächelt Sie freundlich an.

Als Sie einen gestrickten Frauenpullover in die Hand nehmen, um ihn zu betrachten, fällt Ihnen auf, dass das Preisetikett handgeschrieben ist und der Kaufpreis geringer ausfällt, als Sie erwartet hätten.

Die Mädchen halten sich allerdings nicht lange genug im Erdgeschoss des Ladens auf, als dass Sie sich hätten noch länger umschauen können, weshalb Sie ihnen die Treppen hinauf in die nächste Etage folgen, die zwischen Männer- und Kindermode aufgeteilt ist. Die Mädchen stöbern für einige Minuten durch die T-Shirts in der Männerabteilung und Sie betrachten die Winterjacken. Einige Stücke, für die Sie in einem normalen Modegeschäft ein halbes Vermögen ausgegeben hätten, werden hier für einen Preis angeboten, den sich auch Schüler leisten können. Sie sind beeindruckt.

Doch auch hier verweilen Sie nicht lange, sondern werden von dem Kichern und dem Wort *Kuriositäten* in die zweite und letzte Etage des Second Hand Ladens gelockt. Diese trägt am Eingang die Überschrift *Vintage* und eben diese Stimmung versprüht der Raum auch, in den Sie treten.

Auf der linken Seite befinden sich schwarze, schwere Vorhänge, die die Umkleidekabinen bilden und direkt davor hängen Spiegel und Taschen an der blanken Betonwand und einige Kisten stehen auf dem Boden, in denen sich auf den ersten Blick Hüte und Mützen befinden.

Sie laufen weiter in den Raum hinein, ein paar Treppenstufen hinunter und werden wie magisch von diesem Teil der Einrichtung angezogen.

Links von Ihnen sehen Sie aufeinandergestapelte Koffer unter einer Theke, auf der sich wahrhaftige Schätze aus vergangenen Jahrzehnten befinden: Polaroid-Kameras, Lampen, Gläser und Telefone. Doch all das finden Sie bei weitem nicht so interessant wie das alte Sofa, das nun direkt vor Ihnen steht. Es ist mit gelbem und Rosengewächsen verziertem Stoff bezogen und mit einem kleinen Serviertisch, auf dem Glasgeschirr steht, einer Stehlampe und

einem runden Couchtisch, auf dem eine Schreibma-
schine platziert wurde, perfekt ausgestattet. Noch
nie hat Sie etwas so eingeladen, sich in einem Modegeschäft wohl zu fühlen als diese Einrichtung.

Als Sie durch die Kleiderstangen gehen, verstehen Sie, wieso die Mädchen vorhin über Kuriositäten
sprachen.

Zwischen neonfarbenen T-Shirts, die einen beinahe zum Erblinden bringen, Dirndln, gestrickten
Wollshirts und undefinierbaren Kleidungsstücken,
die Sie an Omas Gardinen erinnern, verstecken sich
unanständige Dessous und prachtvolle Kleider aus
der Gothic-Szene.

Begeistert von dem Ausflug in die Vergangen-
heit begleiten Sie die Mädchengruppe zurück zum
Luisenplatz und verlieren den Überblick über all die
Busse und Bahnen, die aus allen Richtungen auf Sie
zu und von Ihnen weg fahren, sodass Sie sich nicht
daran erinnern, in welchen die Mädchen gestiegen
sind.

Highlights in Darmstadt

LUISENPLATZ

Ein wenig hilflos blicken Sie sich auf dem großen Platz um. Hunderte Menschen auf engstem Raum; unterwegs in alle Himmelsrichtungen, umgeben von Bus und Bahn, Arbeit und Läden. Eine Straßenbahn hält vor Ihren Augen, nur wenige Schritte von Ihnen entfernt und eine Schar von Kindern im Grundschulalter strömt heraus, gefolgt von zwei jungen Frauen, die die Klasse sofort eifrig abzuzählen beginnt, während die Bahn schon lange weiterfährt.

Als die beiden Frauen einander zunicken, trommeln sie die Kinder zusammen und bewegen sich, aufmerksam auf den Verkehr achtend, zu dem großen Monument, das inmitten des Luisenplatzes steht: Das *Ludwigsmonument* oder der *Lange Lui*, wie es eines der Kinder benennt.

Um das Monument herum stehen Bänke und dreiarmige schwarze Straßenlaternen, die Sie an Paris oder London denken lassen. Eine steinerne Treppe, auf der einige Menschen auf Bus und Bahn warten oder sich eine Pause von all der Rumhetzerei gönnen, umrandet das Denkmal. Auf den ersten roten Steinen des Podestes, auf dessen Spitze Ludwig steht, ist ein Schriftzug eingelassen: *Ludwig dem Ersten sein dankbares Volk.*

Interessiert, wer dieser Ludwig eigentlich ist, werfen Sie den Kopf in den Nacken, recken Ihre Nase in die Höhe und schauen an dem Turm hinauf. Alles, was Sie allerdings sehen, ist ein Podest, über dem ein Stück der blauen Statue den dargestellten Ludwig bloß erahnen lässt.

Eine der Lehrerinnen beginnt über Ludwig I. zu sprechen und Sie beschließen, sich diese kleine Geschichtsstunde anzuhören.

Sie erzählt von Ludwig I., dem ersten Großherzog von Hessen und bei Rhein, der im Rahmen von Bildungsreisen London und Paris besuchte und Sie fragen sich, ob daher die Straßenlaternen in dem Stil dieser Kultstädte kommen. Dann kommt sie auf Ludwigs Ehefrau und erste Großherzogin von Hessen und bei Rhein Luise Henriette Karoline von Hessen-Darmstadt zu sprechen, nach welcher der Luisenplatz benannt wurde.

Die Kinder gähnen, weshalb die Lehrerinnen eilig beschließen, weiterzugehen, bevor ihre Klasse zu unruhig wird und sprechen von dem Hessischen Landesmuseum. Das wollen Sie sich nicht entgehen lassen. Also laufen Sie den lachenden und energiegeladenen Grundschülern hinterher. Als Sie in die Rheinstraße einbiegen, werfen Sie einen Blick über Ihre Schulter zurück in die Richtung, aus der Sie gekommen sind, und bleiben einen Moment stehen.

Der Lange Lui reckt sich in all seiner Pracht der Mittagssonne entgegen; wird von seinem eigenen Schatten verschluckt und thront als blauer Koloss auf seiner eigenen dreißig Meter hohen Aussichtsplattform, von der aus er die Nachfahren seiner einstigen Bürger betrachten kann.

HESSISCHES LANDESMUSEUM DARMSTADT

Die Lehrerinnen umgehen der Kinder wegen die stark befahrene Route an der B26 entlang und schlängeln sich deshalb zwischen den Menschen in den Einkaufspassagen hindurch, ohne ihre Schüler aus den Augen zu lassen. An der Ampel sind sie besonders achtsam und scheuchen die Kinder, sobald das Licht für die Fußgänger auf Grün umschaltet und das Signal für Blinde aus den Lautsprechern dröhnt, schnell über die Straße.

Auch Sie beeilen sich damit, die Straße zu überqueren, haben allerdings nur noch Augen für das vor Ihnen stehende Museum. Das prachtvolle Gebäude erinnert Sie an ein Schloss. Die lange Treppe bis hinauf zu den Türen und die davor auf Podesten stehenden, beeindruckenden Löwenstatuen verstärken diesen Eindruck nur noch mehr.

Noch bevor sie alle an der Kasse sind, beginnt eine der Lehrerinnen zu reden und erzählt wieder von Ludwig I., der von seiner Mutter einige Sammlungen vererbt bekommen hatte und während seiner Regierungszeit weitere Sammelstücke hinzukamen, die er 1820 schlussendlich dem Staat überließ.

Sie wird unterbrochen, nachdem ihr die prunk-volle Eingangshalle mit den hohen Decken durch-schritten habt und vor dem Pult der Kasse steht. Die Schulklasse wird kostenlos hindurch gewunken und Sie müssen, nachdem Sie die Frage nach einem Schü-ler- oder Studentenausweis verneint haben, sechs Euro bezahlen, um sich Ludwigs einmalige Samm-lung anschauen zu können.

Die Kinder schreien durcheinander, was sie als Erstes sehen wollen und die Worte *Skelette* und *Tiere* werden am lautesten gerufen. Die Lehrerinnen folgen dem Wunsch ihrer Schüler und laufen den Gang entlang, bis sie in dem Bereich der Kunsthand-werke bis ins 19. Jahrhundert landen. Da die Grund-schüler wenig interessiert wirken und unbedingt Tierknochen sehen wollen, durchlauft ihr diese Aus-stellung ausschließlich. Trotzdem bleiben Ihre Au-gen an dem ein oder anderen Kunstwerk hängen.

Sie behalten die gläsernen, filigran verzierten Krüge, die winzigen Bilder von Herzögen und Grafen in breiten, rechteckigen Rahmen und die hölzernen Saiteninstrumente hinter den Glasscheiben im Ge-dächtnis.

Sie und die Klasse erklimmen die erste Treppe und landen in der Zoologie. Der Geschmack der Grundschüler war nicht schlecht. Sie stehen vor einem Regal, deckenhoch und gefüllt mit allen Säugetieren, die Sie kennen und noch mehr.

Die Kinder staunen, ihre Augen springen hin und her, von Tier zu Tier und ihr Kopf wandert immer weiter in den Nacken, um auch noch das Tier in der letzten Reihe erkennen zu können.

Sie laufen weiter, die Kinder rennen voller Euphorie und Neugier weiter zu den Skeletten. Die leicht erhöht, nebeneinanderstehenden Knochengerüste haben eine ähnlich erschlagende Wirkung wie die ausgestopften Tiere zuvor. Jede Größenordnung ist vertreten: Von einer Katze, über einen Flamingo, weiter zum Hirsch, über den Menschen und Elefanten und endend bei einem kolossalen Wal.

Für weiteres Aufsehen sorgt eine präparierte, große Krabbe sowie die drapierten Schmetterlinge und Käfer.

Nachdem ihr durch die vielen Gänge gelaufen und von einem Schaukasten zum nächsten gehetzt seid, sind die Kinder müde und ihr bummelt noch ein wenig durch die Gänge des Waffensaals, der noch ein wenig Aufmerksamkeit von den Schülern erhält, und versucht es im Raum der Antike, der bloß auf wenig Begeisterung trifft.

Das zweite Stockwerk sowie den Turm und das Untergeschoss lasst ihr aus und macht eine kurze Mittagspause in dem Café des Museums. Nachdem alle auf den Toiletten waren, ob sie nun mussten oder nicht, berichten die Lehrerinnen, dass die Klasse zum Abschluss des Ausflugs nun auch noch lebende Tiere zu Gesicht bekommt. Und so brecht ihr auf, um dem Vivarium einen Besuch abzustatten.

VIVARIUM

Ihr lauft wieder zurück zum Luisenplatz, um dort in den nächsten Bus K einzusteigen, der euch bis zum Botanischen Garten fährt. Von dort aus sind es nur noch wenige Minuten Fußweg, bis ihr den Eingang des Vivariums betretet.

Die Lehrerinnen bezahlen den Preis für sich und ihre Klasse und auch Sie müssen als Erwachsener bloß sieben Euro Eintritt bezahlen, um mit einem Summen durch das Eingangstürchen zu treten.

Die Kinder sind während der Busfahrt zu neuer

Energie gelangt und rennen sofort zum ersten Gehege. Dabei handelt es sich um die Schopfmakaken.
Das Affengehege ist durch einen großen Teich von
den Besuchern abgegrenzt und da die Affen sich gerade in ihrem Innengehege aufhalten, betrachten die
Schüler fasziniert die großen Karpfen, die ihre Mäu-
ler erwartungsvoll aus dem Wasser strecken. Doch
die Lehrerinnen erklären sofort, dass die Tiere hier
nicht gefüttert werden dürfen.

Im bedachten Gehege der Makaken riecht es
streng, doch den Schülern scheint es nichts auszu-
machen. Sie lachen zu sehr über die nackten Popos
der Affen und quietschen entzückt, als sie einen Ba-
byaffen entdecken.

Doch schon nach einigen Minuten haben die Affen und die Fische ihren Reiz verloren und die Kinder wollen weiter. Der nächste Stopp befindet sich
bei den Binturongs und Krallenottern, deren Innengehege ihr als Erstes betretet. Die Kinder stöhnen,
weil die Binturongs als Mardertiere einen durchaus
penetranten Geruch versprühen. Diese verstecken
sich allerdings und da die Otter bei eurem Eintreffen
nach draußen verschwinden, verlasst auch ihr zügig
das Gehege. Die Otter quietschen und die Schüler

beobachten die niedlichen Tiere für einige Zeit, bis die Ersten zum Weitergehen drängen.

Das Tropenhaus sorgt für ordentliches Staunen. Die Krokodile, die bewegungslos im Wasser verharren, sind gruselig anzusehen und die Schmetterlinge, die sich auf den bunten Jacken oder Kappen der Schüler niederlassen, faszinieren sie.

Die Kaninchen, an denen ihr draußen vorbeigeht, sind allerdings uninteressant und auch das Haus der Watvögel kann die Kinder nicht begeistern. Die Terrarien und Aquarien, die gemeinsam in einem Gebäudekomplex angesiedelt sind, sind dafür wieder wirkliche Blickfänger. Die Schlangen und Eidechsen werden eingehend betrachtet. Einige trauen sich nicht nah an die Scheiben, so großen Respekt haben sie vor den Spinnen, die sich dahinter befinden.

Die große Aquarienwand mit Piranhas strahlt etwas Tropisches, Südländisches und Gefährliches aus, das die Kinder fesselt.

Das Gehege der Kängurus ist nicht von dem Besucherweg getrennt und die Vorstellung, dass die australischen Tiere ohne Hindernis auf euch zukommen könnten, ist mitreißend, doch die Beuteltiere liegen faul in der späten Mittagssonne und zeigen kein Interesse an der Klasse.

Als ihr zwischen dem Gehege der Zwergesel und dem der Nandus und Guanakos vorbeilauft, können sich die Kinder nicht entscheiden, welches von beiden sie interessanter finden, weshalb sie sich schlussendlich dafür entscheiden, zwischen beiden hin und her zu rennen, bis es weitergeht und ihr bei den Kolkraben rechts abbiegt, um zu den Nasenbären zu gelangen.

Kaum läuft ein Kind ein Gehege weiter zu den Fenneken, sind die Nasenbären allerdings vergessen und die süßen Wüstenfüchse, die schlafend im weichen Sand liegen, viel schöner zu betrachten.

Da die kleinen Füchse ihren Mittagsschlaf jedoch nicht für einige Schulkinder unterbrechen, beschließen die Kinder, dass es schnell Zeit wird, zu den Riesenschildkröten weiterzuziehen, die in ihrem großen Gehege, umgeben von dicken Steinen, auf die man sich gut setzen kann, schön anzusehen sind.

Als Sie bei den Flamingos fragen, wieso die Vögel rosa Federn haben, und eines der Kinder stolz über sein Wissen von den Krabben erzählt, die sie fressen, müssen Sie schmunzeln und begleiten die Klasse weiter zu den Zebras, die durch ihr Gehege galoppieren und sich des schönen Wetters erfreuen.

Nach einem kurzen Besuch bei den Stachelschweinen geht es weiter zu den Aras und Papageien, denen von den Kindern fleißig das Sprechen beizubringen versucht wird. Als sie scheitern und die Lust an den Vögeln verlieren, betretet ihr das frisch angelegte Tapirhaus.

Doch was darauf folgt, kann wohl als Highlight des heutigen Tages für die Kinder abgestempelt werden: Der Streichelzoo, in dem zahme Ziegen von den Kindern gestreichelt und gestriegelt werden dürfen. Da die Ziegen allerdings nach einigen Minuten keine Lust mehr haben und sich in den Bereich verziehen, in den Besucher keinen Zutritt haben, ermutigen die Lehrerinnen ihre Schützlinge dazu, weiter zu den Emus, Kranichen, Eulen und Störchen zu gehen.

Als ihr an den Geiern und damit an dem letzten Gehege vorbei seid, bemerken Sie die Erschöpfung der Kinder und bei sich selbst, weshalb Sie froh sind, als Sie durch die große Drehtür das Vivarium verlassen.

Die Aktivitäten

KLETTERWALD DARMSTADT

Die Grundschüler haben den anstrengenden Tag überstanden, doch es ist erst früher Nachmittag und Sie möchten noch etwas erleben. Also heften Sie sich an die Versen von einigen jungen Männern, die einen sportlichen Tag hinlegen wollen.

Sie warten auf den nächsten Bus K, um mit ihm eine Haltestelle weiterzufahren und somit bei der Endstation auszusteigen.

Ihr lauft den restlichen Weg bis zum Hochseilgarten und Sie sind gespannt, was Sie dort erwarten wird.

Da ihr bloß zu fünft und nicht zu zehnt seid, reicht eure Gruppenstärke nicht für ein Gruppenticket, weshalb ihr jeder ein einzelnes Ticket von jeweils 19 Euro bezahlen müsst. Danach werdet ihr von einem Teamer des Kletterwalds zu dem Gurtverleih begleitet.

Er erklärt euch, wie ihr den Gurt anzulegen habt und auf was ihr beim Klettern achten müsst, zum Beispiel wann ihr die Karabinerhaken benutzen müsst. Außerdem erklärt er euch, was es mit den Farben an jeder Kletterroute auf sich hat: Rot bedeutet, dass ihr eine leichte Strecke klettern wollt und Schwarz beispielsweise eine sehr schwierige.

Als er sich erkundigt, ob noch Fragen offen sind, verneint ihr und er schickt euch los zum Klettern.

Da die roten Routen ausschließlich für Kinder gedacht sind, traut ihr euch direkt an eine blaue heran und erklimmt den ersten Baum mit Hilfe einer hölzernen Strickleiter. Sofort bemerken Sie, wie anstrengend die Bewegungen für Ihre Oberarme und Ihren Rücken sind.

Im Laufe der vier Stunden, die ihr klettern dürft, balanciert ihr über dünne Seile, klettert durch Autoreifen, hüpft über eine Wippe und stürzt euch mutig einige Meter in die Tiefe.

Die Seilbahnen, in denen Sie sich mit den Karabinern in eine Vorrichtung einhaken müssen, machen Ihnen am meisten Spaß.

Als eure Finger nach einer Stunde schmerzen, beschließt ihr, die Bäume Bäume sein zu lassen und den Kletterpark zu verlassen.

EISSPORTHALLE DARMSTADT

Gemeinsam mit den motivierten Jungs fahren Sie vom Luisenplatz aus mit der Tram 5 Richtung Darmstadt-Kranichstein Bahnhof, um an der Eissporthalle wieder auszusteigen.

Sie laufen die letzten Meter gemeinsam und sehen die Halle schon von weitem. Sie ist ein eckiger, backsteinrot gehaltener Klotz, der nicht besonders ästhetisch aussieht.

Eine 5er-Karte für Erwachsene ist für eure Gruppe mit 25 Euro beinahe drei Euro billiger und da jeder von euch noch vier Euro für den Schlittschuhverleih zahlen muss, zahlt sich die Gruppenkarte wortwörtlich aus.

Also lauft ihr in die Umkleidekabine, verstaut

eure Habseligkeiten in den Spinden und zwängt eure Füße in die ausgeliehenen Schlittschuhe. Sie bemerken schnell, dass Ihnen in diesen Schuhen die Füße schnell wehtun werden. Doch die Energie und Vorfreude, die von den Männern ausgeht, motiviert Sie und so watschelt ihr ein wenig schwerfällig aus der Umkleide und rein ins Getümmel aus rasenden, schlitternden und fallenden Menschen auf Schlittschuhen.

Eine Frau dreht in dem Moment eine Pirouette, in dem Sie wackelnd aufs Eis steigen und vom ersten Augenblick an sind Sie fasziniert.

Hier trifft Profi auf Anfänger.

Die Männer, mit denen Sie hier sind, stoßen sich elegant ab und fliegen übers Eis, während Sie hilflos hin und her wackeln. Doch nach einigen Versuchen haben Sie den Dreh raus. Dabei haben Sie beinahe schon gedacht, sich eine Laufhilfe ausleihen zu müssen, so, wie eines der Kinder in der Halle es tut. Damit wären Sie zwar schneller vorwärts gekommen, doch das Lernen und Ausprobieren macht Ihnen Spaß, bis Sie irgendwann ganz ohne Hilfe und Schwanken vorankommen.

Das Erfolgserlebnis tut Ihnen gut.

Wie Sie es jedoch bereits vermutet hatten, melden sich nach zwei Stunden schmerzend Ihre Füße und auch die Kälte der Halle ist bei Ihnen bis tief in die Knochen vorgedrungen. Also beschließen die Männer und Sie, zur nächsten und letzten Aktivität aufzubrechen und die Eissporthalle abzuhaken.

LASER TAG DARMSTADT

Ihr steigt wieder in die Tram 5 und lasst euch von ihr bis zur Berliner Allee fahren, wo ihr aussteigt und ein paar Minuten Fußweg zum Lasergamezentrum in Kauf nehmen müsst.

Bereits der Eingangsbereich ist futuristisch eingerichtet. Weiße Tische und Bänke laden zum Entspannen und Verschnaufen ein und der hintere Wartebereich mit Sofas neben einer neonbeleuchteten Bar gibt dem ganzen Ambiente ein gewisses Flair.

Ihr meldet euch zu fünft an und müsst jeder sieben Euro pro Person und pro Mission bezahlen. Zwei weitere Personengruppen möchten ebenfalls spielen und so wird euch gemeinsam die Einführung gegeben. Dabei wird euch auch der Sinn hinter einer Mission erklärt. Euer Ziel ist dabei nicht nur

gegnerische Spieler mit den Lasern an ihren Kontaktpunkten abzuschießen, sondern auch die ver-
steckten Punktespots in der Arena zu finden. Euch
wird erklärt, wie ihr das Equipment anzulegen und
wie ihr mit den Lasern umzugehen habt und dann
werdet ihr auch schon in die Arena geschickt.

Diese ist in tiefe Dunkelheit getaucht. Die Aus-
stattung jedoch ist mit intensiv leuchtenden Mus-
tern ausgestattet, die Ihnen erlaubt zu sehen, wo Sie
hingehen und wo Sie, als Mitglied des roten Teams,
hingehören, und zwar in den roten Bereich.

Ihr werdet unter Rot und Blau aufgeteilt und
wartet auf das Signal aus den Lautsprechern. Als
euch der Start der Mission bekanntgegeben wird,
lauft ihr langsam los.

Das Adrenalin rauscht Ihnen durchs Blut und
zaubert Ihnen ein aufgeregtes Grinsen ins Gesicht.
Sie sehen zwischen zwei schwarzen Hindernissen
ein blaues Licht hindurchschnellen und versuchen,
es mit Ihrem Laser an den Kontaktpunkten zu treffen. Auf einmal vibriert Ihr Anzug und verändert die
Farbe. Sie wurden getroffen und sind nun für einige
Sekunden wehrlos und nicht einsatzfähig.

Dieser Zustand sollte Sie in den wenigen

Minuten, die eine Mission andauert, noch häufig heimsuchen.

Ihr Team gewinnt, aber Ihre persönliche Niederlage ist immens. Sie sind Vorletzter und trotzdem sind Sie voller Euphorie und begeistert von dem Spiel.

Wäre es nicht bereits Abend und würde Ihr Magen nicht zu stark grummeln, hätten Sie sicher noch einmal neun Euro für eine weitere Mission geopfert. So verabschieden Sie sich von den Männern, bedanken sich für den schönen Tag und sehen zu, dass Sie zu etwas Essbarem gelangen.

Essen und Genießen in Darmstadt

CAFÉ EXTRABLATT

Als Sie zurück zu allem Anfang, zum Luisenplatz, kommen, werden Sie zuerst von dem Café Extrablatt angelockt. Sie suchen nach etwas Süßem, um Ihre verloren gegangene Energie wieder aufzuladen.

Das Lokal ist gut gefüllt, weshalb Sie sich einen freien Zweierplatz vor dem Fenster aussuchen. Dort ist es hell und Sie können die belebte Stadt, die Sie bisher so fasziniert hat, beobachten.

Das Café ist größer, als es von außen wirkte und Sie erkennen schnell, woran das liegen könnte. Von draußen nicht unbedingt sofort erkennbar ist, dass das Café durch eine Treppe eine weitere Etage zur Verfügung stellt.

Sie nehmen die Karte zur Hand und wundern sich, dass neben dem Frühstück, dem Kuchen und den Waffeln auch deftige Speisen – und davon nicht zu knapp – angeboten werden. Ein wahrliches Multitasking-Café.

Schon bei dem Frühstück achten sie auf Variation. Neben dem gewöhnlichen Frühstück mit Brötchen und Belag, wie man es kennt, kann man sich hier auf eine Reise an Frühstückstische überall auf der Welt machen. Sei es Frankreich oder Amerika.

Danach kann man sich durch alle Hauptspeisen probieren, die einem einfallen: Pasta, Wraps, Salate, Pizzen und Schnitzel.

Und auch die Getränkekarte ist lückenlos. Heiße Getränke, Soft Drinks, Säfte, Sekt, Wein, Bier, Spirituosen und Cocktails. Alles, was das Herz begehrt.

Trotzdem bestellen Sie sich bloß ein Stück Apfelkuchen für knappe drei Euro und einen großen Cappuccino für weniger als fünf Euro. Sie finden kein

Gericht auf der Karte, das eine Einzelperson auch nur zehn Euro kosten würde, und sind davon durchaus beeindruckt.

Sie werden schnell bedient und auch Ihre Bestellung ist schon nach kurzer Wartezeit serviert.

Sie blättern durch die Karte, während Sie essen und trinken und beschließen, unbedingt noch einmal zum Abendtisch hier aufzutauchen.

SUSHIZONE

Nachdem Sie das Café Extrablatt verlassen haben, suchen Sie nach einem weiteren Einblick in die Essmöglichkeiten der Stadt. Und während Sie durch die Straßen gehen, finden Sie sich in der Schuchardstraße vor einem mäßig besuchten Gebäudekomplex wieder, in dem Sie eine Sushibar entdecken.

Sie beschließen, dem Laden eine Chance zu geben und betreten das Innere des Gebäudes. Der Geruch nach Teriyaki Sauce, Früchten und Gemüse strömt Ihnen entgegen und Sie setzen sich an einen freien Tisch. Eine sympathisch lächelnde junge Frau händigt Ihnen eine Speisekarte aus und fragt Sie nach Ihrem Getränkewunsch. Schon beim ersten

SONJA TAMMEN

Blick auf die Getränke entscheiden Sie sich für einen Maracujasaft und blättern in der Karte herum, um nach einem kleinen Gericht zu schauen, das Sie nicht völlig sättigt. Immerhin wollen Sie noch andere Restaurants der Stadt kennenlernen.

Sie überfliegen die Vorspeisen. Keine davon kostet mehr als 6,50 Euro. Nigiri, Gunkan, Maki und Temaki halten sich in einem Preisbudget von unter fünf Euro auf und auch die Menüs sind durchaus bezahlbar.

Als Ihr Saft gebracht wird, nennen Sie der Bedienung Ihren Wunsch nach sechs Avocado Maki und dem Teriyaki Hähnchen. Die Frau nickt und sagt, dass Sie mit Wartezeit rechnen müssen, da sie momentan viele Online Aufträge abzuarbeiten haben. Damit können Sie leben, beruhigen die Bedienung mit einem verstehenden Lächeln und trinken von Ihrem Saft. Er ist süß und frisch und Sie sind zufrieden.

Nach einiger Zeit wird Ihnen Ihr Essen serviert und Sie sind von dem Auftritt schwer beeindruckt. Ihnen wird eine Schieferplatte gebracht, auf der die Maki und das Hähnchen dekorativ angerichtet sind, ein schön verziertes Schüsselchen für die Sojasauce bereitsteht und ein kleiner Krug mit dampfendem

Trockeneis für den nötigen Showeffekt sorgt.

Von der Präsentation sind Sie begeistert und als Sie die ersten Bissen nehmen auch von dem Essen. Sie bezahlen keine zehn Euro und verlassen die Sushizone mit einem zufriedenen Lächeln.

VAPIANO

Von dem Restaurant Vapiano haben Sie schon einiges gehört und als Sie ihm auf dem Weg zu Ihrem nächsten angestrebten Laden über den Weg laufen, können Sie nicht anders, als es sich von Innen anzusehen.

Das Gebäude, in dem sich das Restaurant befindet, ist pompös und vermittelt Ihnen den Eindruck, ein Ehrengast auf einer Benefizveranstaltung zu sein. Die rote und sandsteinfarbene Farbmischung verstärkt diese Wirkung auf Sie.

Sie betreten den Eingang und werden sofort lächelnd von einem Angestellten am Empfang begrüßt. Ihnen wird eine Karte ausgehändigt und der Mann fragt Sie, ob Sie mit dem System vertraut sind. Als Sie verneinen, erklärt er Ihnen, dass diese Karten zum Bestellen vonnöten sind. Um eine Bestellung aufzunehmen, entscheiden Sie sich für ein Gericht und stellen sich dann an die entsprechende Küchenzeile.

Er deutet hinter sich, wo Sie eine offene Küche mit hantierenden Köchen sehen. Über Ihnen an der Wand, wo nochmals einige Gerichte aufgelistet sind, stehen Überbegriffe wie *Pasta* oder *Pizza* und Sie verstehen, was der Angestellte mit seinem Gesagten meint.

Danach sollen Sie dem Koch sagen, welches Gericht Sie wollen und während des Kochens würde er Ihnen noch einige Fragen zur Verfeinerung des Gerichts stellen. Nach der Fertigstellung Ihres Essens müssen Sie die Karte auf das dafür vorgesehene Feld, eingelassen in die Theke vor der Küchenzeile, legen. Ihre Bestellung wird darauf übertragen und beim Verlassen des Ladens bezahlen Sie den entsprechenden Betrag beim Empfang, an dem Sie gerade stehen.

Nachdem der Angestellte fragt, ob Sie alles verstanden haben und Sie das bejahen, suchen Sie sich einen gemütlichen Platz an einem der hohen Tische mit den Barhockern. Dort lassen Sie Ihre Jacke und Ihre Tasche liegen und gehen nach vorne, um einen

Blick auf die dort ausliegenden Speisekarten zu werfen.

Zuerst landet Ihr Blick auf der großen Auswahl an italienischer Pasta und Risotto, deren Preis sich strikt unter elf Euro befindet, während sich die Pizza, bis auf zwei Ausnahmen, sogar nicht an die zehn Euro herantraut.

Es ist mittlerweile Abend und Sie haben Lust auf eine Vorsuppe, um im nächsten Restaurant noch eine Hauptspeise essen zu können. Sie entscheiden sich für die Süßkartoffelsuppe und stellen sich an der Küchenzeile an, an der *Zuppe* steht. Als Sie an der Reihe sind, sagen Sie dem Koch, was Sie möchten und bereiten Ihr Tablett vor. Er fragt Sie nach dem Fertigstellen des Essens nach einem Getränk und Sie beschließen, einen Pfirsicheistee zu nehmen.

Er nickt und stellt den Eistee zusammen mit Ihrer Suppe auf der Glastheke ab. Dann tippt er etwas in seine Kasse ein und bittet Sie, Ihre Karte auf das vorgesehene Feld zu legen, so wie es der Angestellte am Empfang Ihnen erklärt hat.

Sie befolgen die Anweisung, woraufhin der Koch Ihnen einen guten Appetit wünscht. Sie bedanken sich, nehmen Ihr Tablett und setzen sich an Ihren

Platz zurück.

Sie sind zufrieden mit dem Service, konnten bei der Zubereitung zuschauen und Ihr Bestelltes schmeckt Ihnen. Als Sie anschließend bezahlen, loben Sie das Restaurant und können sich auch über den Preis nicht beschweren.

JAMY'S BURGERS

Nachdem Sie sich vom *Vapiano* verabschiedet haben, sind Ihre Ansprüche hoch und Sie sind gespannt, ob der Burgerladen *Jamy's Burgers*, den Sie anstreben zu besuchen, Ihnen gerecht wird.

Das kleine Restaurant befindet sich um die Ecke und wegen der abgekühlten Temperaturen sitzt niemand an den außenstehenden Tischen. Auch Sie wollen nicht frieren und begeben sich deshalb ins Innere, wo Ihnen augenblicklich der Geruch nach gebratenem Fleisch, Zwiebeln und Käse in die Nase strömt.

Sie seufzen und schauen sich in dem kleinen Laden ein wenig um. Sofort fällt Ihnen der unvergleichliche Stil auf. Im vorderen Teil befinden sich gelbe Tische und Bänke, die Sie an Gartenmobiliar erinnern, an den Wänden sind Blumentöpfe mit Kaktusgewächsen und Spiegel befestigt und an der Decke hängen Lichterketten.

Ihre Begeisterung für den Laden steigt, als Sie vorne an der Kasse stehen und die Speisekarte, die an der Wand rechts von Ihnen aufgelistet ist, betrachten.

Der Preis der Burger bewegt sich dabei zwischen sechs und neun Euro, während die Pommes unter den drei Euro bleiben.

Um den Laden kennenzulernen, entscheiden Sie sich für den Jamy's Classic und die hausgemachte Limonade, die in einem Gerät auf der Theke ihre Runden dreht.

Die Zitrone-Minze-Limonade wird Ihnen in einem beutelähnlichen Gefäß überreicht. Sie bezahlen sofort und bekommen ein Gerät in die Hand gedrückt, das für einen kurzen Moment summt und vibriert, als Sie es entgegennehmen. Verwirrt blicken Sie die Verkäuferin an, die Ihnen erklärt, dass das Gerät zu summen und zu vibrieren beginnt, sobald Ihr Burger fertig ist und Sie ihn dann an der Kasse abholen kommen können.

Sie nicken und setzen sich mit Ihrem Getränk an

einen Zweiertisch im vorderen Bereich des Ladens.

Als der Summer nach einigen Minuten zu vibrieren beginnt, erschrecken Sie kurz, fassen sich aber schnell wieder und laufen lächelnd vor zur Theke, an der Ihnen ein Tablett mit Burger und dicken Kartoffelpommes überreicht wird.

Ihnen wird einen guten Appetit gewünscht und Ihnen läuft das Wasser im Mund zusammen, als Sie den großen, hoch gestapelten Burger betrachten.

Er schmeckt fantastisch und durch Ihre reichlichen Vorspeisen tun Sie sich schwer, die Pommes aufzuessen. Da aber auch die zu gut schmecken, entscheiden Sie sich dazu, nicht auf Ihren protestierenden Magen zu hören und auch noch das letzte Kartoffelstück zu kauen.

ENCHILADA DARMSTADT

Um sich von dem Burger zu erholen, beschließen Sie, einen kleinen Verdauungsspaziergang zu machen und sich von Ihren Füßen zum nächsten Restaurant für eine Nachspeise führen zu lassen.

Sie laufen raus, aus der gut gefüllten Fußgängerzone Darmstadts, und an der Rheinstraße entlang, lassen die leuchtenden Autos und Busse an sich vorbeirauschen und biegen an der nächsten großen Kreuzung nach rechts ab in die Kasinostraße und schon von weitem erkennen Sie ein in Sandsteinlook gehaltenes Gebäude mit aufregender Beleuchtung. Als Sie davor stehenbleiben, können Sie über der Tür den Namen *Enchilada* lesen. Mexikanisch.

Sie sind durchaus interessiert und betreten das ansprechende Restaurant.

Es ist schummrig durch das gedämmte Licht und verleiht dem Gebäudeinneren eine verruchte Stimmung, die von der dunklen Holzeinrichtung, den leisen Hintergrundklängen, den imposanten Säulen in der Raummitte und der lockenden Bar nur noch unterstrichen wird.

Der Laden ist gut gefüllt und eine junge Kellnerin fängt Sie schon am Eingang ab, um Sie zu einem Tisch zu führen. Es ist ein Tisch für drei in einer gemütlichen, intimen Ecke, die in einem durch eine Treppe von zwei oder drei Stufen erhöhten Bereich liegt.

Die Speisekarte steht in einer Vorrichtung auf dem Tisch; eine separate Getränkekarte finden Sie dort ebenfalls. Sie überfliegen die Speisekarte bloß ein bisschen, da Sie sicher in Zukunft noch einmal hier vorbeischauen und die Preise kennenlernen wollen.

Enchiladas bekommt man hier nicht unter elf Euro und Fajitas nicht unter fünfzehn. Während man für Steaks mindestens 23 Euro bezahlen muss, bekommt man Burger schon unter zehn Euro. Das einzige, was Sie gerade allerdings am meisten interessiert, sind die Desserts und bevor Sie noch auf dumme Gedanken kommen, blättern Sie nicht weiter in der Speisekarte herum und betrachten die Desserts, die sich in einem Rahmen von vier bis neun Euro bewegen. Sie verlieben sich augenblicklich in die Churros mit Schokoladensauce.

In der Getränkekarte werden Sie mit Cocktails überhäuft und finden neben alkoholischen auch alkoholfreie Getränke, die bei einem Preis von süßen 3,80 Euro anfangen und bei 35,00 Euro enden. Sie überlegen lange und entscheiden sich schlussendlich doch spontan für einen *Sex on the Beach*, als die Kellnerin Sie nach Ihrem Wunsch fragt.

Nachdem Sie bestellt haben, suchen Sie die Toiletten auf und müssen dafür einige Stufen in den Keller hinabsteigen. Dort angekommen staunen Sie allerdings nicht schlecht.

Der Vorraum vor den eigentlichen Toiletten ist mit einer langen Bank und kleinen Beistelltischchen vor einem riesigen Flachbildfernseher versehen. Eine lange Schlange vor dem Klo würde Ihnen hier tatsächlich nur halb so viel ausmachen wie sonst.

Nachdem Sie wieder bei Ihrem Tisch angekommen sind, müssen Sie nicht mehr lange warten, bis Ihr Nachttisch und Ihr Cocktail kommt und Sie sind von beidem hellauf begeistert. Die warmen, schrecklich süßen Churros gepaart mit dem kalten, frischen Cocktail waren eine gute Wahl.

Nachdem Sie sich ein wenig entspannen und den Tag Revue passieren lassen, bestellen Sie die Rechnung und machen sich auf den Weg, um die Nacht Darmstadts kennenzulernen.

Feiern in Darmstadt

MUSIKPARK A5

Sie steigen in der Kasinostraße in den Bus 672, um zum Hauptbahnhof Darmstadts zu gelangen und von dort aus mit dem Bus R zur Haltestelle Darmstadt Windmühle weiterzufahren. Ein kurzer Fußweg an der frischen Luft bringt Sie zum *Musikpark A5*, einem Nachtclub hier in Darmstadt, in dem Sie heute die Partys kennenlernen möchten.

Die Parkplätze sind voll und es tummeln sich viele Menschen vor den Türen. Die Security schaut sich wachsam in der Menge um und in der Schlange vor dem Eingang treffen Sie auf eine Gruppe

Studenten, die sich heute einen freien Tag machen und ihr Geld in Alkohol investieren möchte.

Die Musik dringt bis zu Ihnen nach draußen durch und die Schlange wird schnell und effizient abgearbeitet.

Einige der Studenten reden davon, dass sie sich hätten eine Lounge reservieren müssen, während andere ihnen widersprechen und sagen, dass das nur etwas für Spießer und Langweiler wäre.

Sie müssen schmunzeln und staunen nicht schlecht, als Sie ins Innere des Clubs gelangen. An der Abendkasse greifen Sie einer der letzten Karten ab und müssen in eine Kamera gucken, bevor Sie eine Chipkarte ausgehändigt bekommen und durch das Drehtürchen gelassen werden.

Die Studenten sind voller Tatendrang und stürmen sofort auf zur Bar. Sie folgen ihnen und schauen sich interessiert um. Sie erkennen sofort mehrere Bars, die sich an den Seiten der Tanzflächen aufstellen. Die Barkeeper wirbeln Flaschen durch die Gegend wie im Film und servieren einen Drink nach dem anderen. Diese werden digital auf den Chipkarten gespeichert. Erst beim Verlassen des Clubs muss bezahlt werden.

Die Musik dröhnt in Ihren Adern, Ihrem Herzen, in jedem Teil Ihres Körpers, als Sie sich an die Theke zu den Studenten gesellen, die ihren ersten Shot kippen.

Die Tanzfläche ist nicht so groß, wie Sie es erwartet haben und dementsprechend ziemlich gefüllt. Durch die ganzen Menschen ist es schwer erkennbar, ob es schönere Plätze gibt als die, die Sie und die Studenten ergattert haben. Denn neben einem Podest und vor dem Eingang der Tanzfläche haben Sie definitiv nicht den angenehmsten Tanzplatz gefunden.

Durch verlassende und hinzukommende Tänzer gelingt es Ihnen und Ihrer Gruppe, allmählich ins Zentrum des Geschehens zu gelangen.

Der Alkohol fließt, und zwar nicht nur in den Mund, sondern auch vom Glas auf den Boden, weshalb Ihre Schuhe schnell dort festkleben. Außerdem sind Sie froh, Schuhe mit dicken Sohlen zu tragen, da Sie ständig in Scherben von zerbrochenen Gläsern treten.

Das Stroboskoplicht ist aggressiv, die Musik laut und die Körper wiegen sich im Beat, solange bis Ihnen der Schweiß fließt und Ihre Gruppe aus

Studenten beschließt, sich aus der tanzenden Menge heraus zur Bar zu kämpfen.

Nach einigen erfrischenden Getränken und einem Klobesuch wollen die Studenten in den Raucherbereich, in den auch Sie folgen.

Ihnen beginnt jedoch sofort, der Rauch beißend in der Nase zu ziehen und Ihre Augen zum Tränen zu bringen. Erst nach einigen Minuten haben Sie sich ein wenig daran gewöhnt. Da aber auch die Studenten es nicht länger als eine Zigarette in dem Raucherraum aushalten, beschließt ihr, euch etwas außerhalb der lauten Tanzfläche an eine abgelegenere Bar zu setzen.

Dort geratet Ihr ins Gespräch.

SCHLOSSGRABENFEST

Als Sie fragen, ob es neben den Nachtclubs auch noch andere Möglichkeiten gibt, in Darmstadt zu feiern, lachen die Studenten, mit denen Sie im A5 sind, nur. Und einer beginnt, sofort über das Schlossgrabenfest zu reden.

Er erklärt, dass das Schlossgrabenfest sozusagen ein Sammelplatz für Stars und Konzerte ist, auf das man gehen kann, ohne Eintritt zu bezahlen. Da staunen Sie und wollen unbedingt mehr darüber erfahren.

Also erzählt er Ihnen mehr:

Das Schlossgrabenfest erstreckt sich über die gesamte Darmstädter Innenstadt, vom Friedens- bis zum Marktplatz, und bietet den Besuchern jährlich bis zu hundert Live-Bands. Außerdem bietet es jedes Jahr wieder eine kulinarische Explosion.

Das ganze Spektakel zieht sich über vier Tage im Mai hinweg und ist bis 19:30 Uhr komplett kostenlos, erst ab dem Zeitpunkt, wo die interessanten Bands und DJs auftreten, kostet es. Aber das auch nur acht Euro.

Es lockt jedes Jahr wieder hunderttausende Besucher nach Darmstadt, die durch die Straßen laufen, an Charity-, Essens- und Getränkeständen vorbei, um abends Stars und Bands wie Nico Santos, Glasperlenspiel, Stefanie Heinzmann oder Mark Forster zu hören und zu sehen.

Sie sind begeistert von diesem Event und nehmen sich vor, sich das nächste Schlossgrabenfest nicht entgehen zu lassen.

HEINERFEST

Einer der Studenten, mit denen Sie im Nachtclub A5 sitzen, erhebt Einspruch und behauptet, dass das Heinerfest viel interessanter und aufregender sei als das Schlossgrabenfest.

Sie horchen auf und wollen wissen, was Live Acts von bekannten Stars und Bands für acht Euro übertreffen kann.

Also beginnt die Studentin, vom Heinerfest zu erzählen:

Sie beginnt mit dem Argument, dass das Heinerfest viel mehr Tradition besitzt, da es 2020 immerhin seit 70 Jahren existiert und stattfindet.

Außerdem habe es noch viel mehr zu bieten als Musik und Essen, es stellt nämlich auch Fahrgeschäfte zur Verfügung und verfügt damit über eine immense Vielfalt.

Auch hierbei breitet sich das Fest über die gesamte Innenstadt Darmstadts und noch darüber hinaus aus. Mit Fahrgeschäften, wo man hinschaut, Essensbuden, Trinkmöglichkeiten und über 50 Bands und Orchester. Natürlich kostet jedes Fahrgeschäft seinen Preis, aber der Spaß ist rund um die Uhr garantiert und beginnt nicht erst abends.

Egal, wo man in diesen fünf Sommertagen, in denen das Heinerfest in Darmstadt tobt, hinsieht, man erblickt irgendetwas Neues. Schießbuden, Wahrsagerinnen, Zuckerwatte, Würstchenbuden oder angsteinflößende Achterbahnen.

Das Heinerfest ist wie Kirmesplatz, Musikfestival und Gastronomie auf einem Fleck.

Nachdem die Studentin mit ihrer Erzählung fertig ist, sind Sie ganz schön baff.

Darmstadt bietet seinen Besuchern nicht nur Clubs und Partys, sondern gleich zwei riesige Veranstaltungen im Jahr, die Groß und Klein, Jung und Alt lockt und vereint.

Die Heimfahrt

Nachdem Sie nun auch die Feiern und die turbulenten Seiten Darmstadts kennenge-lernt haben, beschließen Sie und die Stu-denten, das A5 zu verlassen und sich auf den Heim-weg zu machen.

Es ist bereits mitten in der Nacht und Sie hatten einen so ausgefüllten Tag, dass Ihnen beinahe die Augen zufallen, als Sie sich mit Ihren Begleitern in den Bus zum Hauptbahnhof setzen.

Als Sie das große Gebäude mit der hohen Decke betreten, um mit den Studenten auf Ihre Bahn zu warten, bevor Sie weiter zum Luisenplatz fahren und dann die Heimreise antreten, ist nicht mehr besonders viel dort los und keines der Geschäfte, die dort angesiedelt sind, hat mehr offen.

Der Bus zum Luisenplatz ist ebenfalls ziemlich leer und während der Fahrt lassen Sie den Tag Revue passieren.

Sie waren mit einigen jungen Mädchen shoppen, haben seltsame und atemberaubende Läden kennengelernt. Sie haben mit einer Schulklasse ein Stück von Darmstadts Geschichte kennengelernt und erst tote und dann lebendige Tiere betrachtet. Sie waren mit sportbegeisterten Männern erst auf Bäumen, dann auf dem Eis und schlussendlich im Laserkrieg. Sie haben sich durch Darmstadts kulinarische Feinheiten durchprobiert und waren mit Studenten in einem Nachtclub feiern.

Der Bus hält am Luisenplatz und Sie steigen aus. Sie schleppen sich in die Tiefgarage, wo Ihr Auto steht, und bezahlen die Gebühren, ohne auf den genauen Preis zu achten. Das nächste Mal, wenn Sie einen ganzen Tag in einer Stadt verbringen, werden Sie diese nicht mit dem Auto, sondern mit dem öffentlichen Verkehr bereisen. Damit kommen Sie sicher um einiges günstiger davon.

Sie steigen ins Auto und lösen Ihr bezahltes Ticket ein, damit sich die Schranken öffnen und Sie in die Freiheit entlassen.

Sie haben Darmstadt heute in allen möglichen Facetten kennengelernt und sind begeistert von der Vielfältigkeit, von der Kultur und den Möglichkeiten, die diese Stadt zu bieten hat.

Und nun lassen Sie all dies hinter sich. Sie fahren denselben Weg aus Darmstadt heraus, auf dem Sie auch hineingefahren sind.

In der Dunkelheit der Nacht und all den Erinnerungen, die Sie gesammelt haben, fühlen Sie sich ein wenig melancholisch, während Sie an dem Woog vorbeifahren und schließlich das gelbe Schild mit dem rot durchgestrichenem Ortsschild sehen.

Tschüss Darmstadt. Auf ein baldiges Wiedersehen.

Herstellung und Verlag:

BoD – Books on Demand, Norderstedt

ISBN: 9783751969277

© Sonja Tammen 2020

1. Auflage

Kontakt: Psiana eCom UG/ Berumer Str. 44/ 26844 Jemgum

Covergestaltung: Fenna Larsson

Coverfoto: depositphotos.com